AF409947

Mito y realidad
Sobre el asilo político y el refugio en los Estados Unidos

Douglas, William
    Mito y realidad: Sobre el asilo político y el refugio en los Estados
Unidos / William Douglas. 1st ed. Ciudad Autónoma de Buenos Aires:
Deauno.com, 2014.
    88 p.; 21 x 15 cm.

    ISBN 978-987-680-092-1

    1. Ensayo jurídico. I. Título

    CDD 340.1

contacto@elaleph.com
http://www.elaleph.com

Para comunicarse con el autor: Esferagroup@pacificwest.com

Primera edición

ISBN 978-987-680-092-1

Hecho el depósito que marca la Ley 11.723

Impreso en el mes de agosto de 2014 en
Bibliográfika, de Voros S.A.
Barzana 1263. Buenos Aires, Argentina

William Douglas

Mito y realidad
Sobre el asilo político y el refugio en los Estados Unidos

deauno.com

A mis padres, por su apoyo infinito, quienes son los pilares de lo que soy y a quienes solamente les debo gratitud, amor y respeto. A mi hijo, quien es el regalo más grande que la vida ha podido darme, quien además de mi amigo es mi confidente y mi guía en la tierra. A mis hermanas, quienes han sido mis manos y mis pies y a todas aquellas personas que están siendo perseguidas políticamente por una u otra razón y que buscan incansablemente su libertad ideológica y su tranquilidad personal.

Prólogo

El establecimiento del asilo político e incluso del refugio, tienen una extensa trayectoria histórica. Inicialmente este germinó como una figura de carácter religioso, que abrigaba a aquellas personas que obraban al margen de la ley, mas no a los políticos.

Con el pasar del tiempo, la concepción sobre el asilo fue evolucionando y poco a poco fue desapareciendo esta protección de carácter religiosa, hasta convertirse en un favorecimiento de tipo político, usado por aquellos gobernantes para proteger sus lideres y que eran perseguidos por sus ideologías partidistas. "No muy lejano de lo que sucede hoy en día, en algunos países"

En la actualidad, y hablo desde el establecimiento de la convención de ginebra para temas de asilo y refugio, esta figura está literalmente destinada a la protección de todas aquellas personas, que se han visto obligados a abandonar su país de origen, y al cual no pueden volver, teniendo en cuenta la persecución o el peligro que vivían por causa del conflicto armado, político, religioso, ideológico o incluso por razón de su género.

Con mucha tristeza he visto como abogado para Latinoamérica y Paralegal en los Estados Unidos, en que desafortunadamente existe un numero enorme de abogados de inmigración en Estados Unidos y Canadá, que desconocen por completo la complejidad de lo que puede representar un proceso de asilo, sin el fundamento probatorio necesario para llevarlo a feliz término.

Lo cierto es que si este tema, resulta complejo en algunos casos para el "profesional del derecho" que se supone tiene la practica y el saber jurídico, resultara aun mas difícil de entender para el futuro interesado, que no está pensando en el tramite del asilo como tal, sino en salvaguardar su vida y la de su familia a toda costa por la persecución que está padeciendo.

Así las cosas, he pretendido y también como educador, realizar una obra didáctica, si se me permite el término, que puedan entender en términos claros y con preguntas y respuestas menos complejas, los futuros beneficiarios del asilo o victimas de la violencia, los diferentes funcionarios que pretenden aplicarlo, los abogados que pretenden iniciar, continuar o apelar un proceso de esta magnitud y en general cualquier persona que este siendo victima de persecución por razón de su raza, género, nacionalidad, religión, opinión política o simplemente por pertenecer a un determinado grupo social. Finalmente es importante aclarar en que este libro no constituye bajo ninguna circunstancia consejo legal de ningún tipo, salvo la información general a la que podría acceder cualquier persona interesada en la obtención de un asilo político en los Estados Unidos.

Capítulo I

Aspectos generales sobre el asilo político y el refugio

1. De dónde viene o nace la palabra asilo político?

La palabra "asylos" nace en Grecia y significa aquello que no puede ser capturado.

2. ¿Qué es un asilo político?

El asilo político es un derecho que puede solicitar ante un Estado extranjero, cualquier persona que tenga un temor fundado *de que será perseguida o que está siendo perseguida*, por razón de su raza, género, ideología, nacionalidad, religión, opinión política o simplemente por pertenecer a un determinado grupo social.

3. ¿Cuáles son los elementos esenciales de un asilo político?

El asilo está compuesto por dos elementos naturales, es decir que sin ellos no puede existir el término "asilo" estos son;

Un elemento subjetivo, que se traduce en la protección que se le brinda a la persona y a su familia por parte de un Estado extranjero y que están siendo victimas de la persecución.

Un elemento objetivo, que se traduce en la forma y el lugar de cómo se le garantizará por parte de un Estado extranjero, la seguridad a esta persona y a su familia, victimas de la persecución.

4. ¿Cuáles son los derechos protegidos por el asilo político?

El asilo político se encuentra dentro del rango del derecho internacional humanitario. Esto significa que protege la vida, la libertad, la integridad personal (física y psicológica), la honra, la libertad de expresión, los derechos humanos y las libertades individuales y colectivas de aquellas personas que pretendan incoarlo, para proteger su vida y la de su familia.

De igual forma, el asilo político protege los derechos económicos, sociales, culturales, religiosos, ambientales y en general todas aquellas garantías normativas dentro del ámbito internacional.

Cabe anotar que por extensión y por conexión, los derechos que puede proteger un asilo político y un refugio del cual nos ocuparemos mas adelante, son innumerables y deberán analizarse de acuerdo al caso en concreto de cada victima.

5. ¿Quiénes integran un proceso de asilo político?

La persona perseguida y su familia son indudablemente los miembros activos que integran un proceso de asilo político, ya que este no puede iniciarse sin la manifestación expresa del interesado, en que se le brinde seguridad para el y su familia por parte de un estado extranjero.

Por otra parte, el estado extranjero será un miembro pasivo, ya que discrecionalmente será el encargado de recibir la petición, analizar su admisibilidad, procesarla, entrevistar al interesado, hacer una valoración probatoria y posteriormente tomar una decisión favorable, reconociendo un estatus de protección como asilado, o desfavorable, remitiendo el caso de asilo ante una autoridad superior.

6. ¿Cuál es el fundamento jurídico de la institución del asilo político?

La institución del asilo político y del refugio tienen su soporte jurídico gran normatividad internacional, pero en primera instancia en la Convención de Ginebra, la cual es el conjunto de 4 convenios internacionales que reglamentan aspectos del derecho internacional humanitario, cuya finalidad esencial es salvaguardar los derechos de las victimas del conflicto armado entre otros.

Esta convención ha sido modificada por dos protocolos firmados en 1977 y uno mas para el año 2005, los cuales versan sobre temas que atañen a la protección de las victimas del conflicto armado internacional y a la adopción de emblemas distintivos en materia humanitaria, como el usado por la cruz roja internacional.

Sin embargo y con la misma importancia el artículo 14 de la declaración universal de los derechos humanos (DUDH) de 1948, firmado en Francia reconoce;

- "En caso de persecución, toda persona tiene derecho a buscar asilo, y a disfrutar de él, en cualquier país."
- "Este derecho no podrá ser invocado contra una acción judicial realmente originada por delitos comunes o por actos opuestos a los propósitos y principios de las Naciones Unidas." (ONU, 2012)

Cabe anotar en que cada país que acoja a un perseguido, aplicara además de los estatutos internacionales que se mencionaron anteriormente y de los que hablaremos en profundidad posteriormente, su normatividad especifica que por supuesto ira de la mano, para resguardar y efectivizar los derechos y libertades amenazadas, de cada uno de los interesados en la adquisición de este estatus de protección.

De igual forma, es importante aclarar en que estas declaraciones en concordancia con los diferentes pactos y protocolos que puedan firmase por los diferentes países, se conocen como tratados internacionales, que son de obligatorio cumplimiento para los diferentes países que los firmen.

Sin embargo hay que tener en cuenta, en que si bien es cierto estas normas son de obligatorio cumplimiento para los diferentes países firmantes, desafortunadamente algunos de ellos no ven con buenos ojos, esta forma final de "legalización migratoria", frustrando al interesado en la dificultad y el acceso al tramite como tal, en la ponderación probatoria y su dificultad en el recaudo de la misma, victimizando aun mas al perseguido y alejando su posibilidades de conseguir este estatus.

7. ¿Qué derechos en materia internacional puedo adquirir al tener un asilo político?

Además de las garantías, derechos y deberes que veremos con posterioridad y que cada uno de los países brinda al perseguido o victima mediante el estatus de asilado, existen algunos derechos de tipo internacional que también deben ser tenidos en cuenta;

"El principio de no devolución, consagrado en el artículo 33 de la convención sobre el estatuto de los refugiados de 1951, prohíbe situar al refugiado, ya sea por expulsión o devolución, en las fronteras de territorios donde su vida o libertad corre peligro por causas de raza, religión, nacionalidad, etc." (OHCHR, 1954).

Este principio implica además, en que cada peticionario tenga acceso a procedimientos equitativos y efectivos para la apreciación de las solicitudes y el análisis probatorio objetivo de las mismas. Es importante resaltar que mientras la solicitud este en tramite, y no se haya tomado decisión alguna, el interesado tiene derecho a no ser devuelto al país donde se origino la persecución o donde su vida, libertad, o integridad física son objeto de un peligro inminente e irremediable.

"Derecho de las personas a permanecer en el país de nacionalidad, por supuesto con las garantías en cuanto a derechos humanos se refiere y mientras es resuelta su situación. La convención americana dispone que nadie puede ser expulsado del territorio del Estado del cual es nacional. Asimismo, toda persona tiene derecho a no ser desplazado, pero también tiene derecho a desplazarse libremente y elegir su lugar de residencia." (OAS, 2012)

Derecho de salir de cualquier país, incluyendo del suyo propio. Para este efecto y a diferencia del refugio como lo veremos en la siguiente pregunta, este y aunque aparentemente es un derecho inalienable de la persona a movilizarse fuera de su país de origen, y solicitar protección, nuestra panorama mundial actual nos muestra en que estos derechos y libertades, son coartados a diario por algunos gobiernos que por su régimen disfrazado de "democracia" buscan evitar a toda costa la salida de sus ciudadanos para buscar ayuda internacional, cuando son objeto de persecución política.

8. ¿Quién es un refugiado?

De conformidad con la convención de Ginebra, sobre el estatuto de los refugiados, un refugiado es una persona que "debido a fundados temores de ser perseguida por motivos de raza, religión, nacionalidad, pertenencia a un determinado grupo social u opiniones políticas, se encuentre fuera del país de su nacionalidad y no pueda o, a causa de dichos temores, no quiera acogerse a la protección de su país; o que careciendo de nacionalidad y hallándose, a consecuencia de tales acontecimientos fuera del país donde antes tuviera su residencia habitual, no pueda o, a causa de dichos temores no quiera regresar a él" (ACNUR, 2014).

9. ¿Cuál es la diferencia entre un asilo político y un refugio?

Es indudable que cuando se habla de un asilo político y de un refugio, muchas personas piensan que se trata de el mismo concepto; sin embargo y aunque ambas figuras, asilo y refugio buscan esencialmente proteger los derechos individuales y/o colectivos de todas las personas que están siendo amenazadas o perseguidas por las razones expuestas con anterioridad, existe una diferencia muy importante y es el lugar de donde se presenta la solicitud.

A este tenor, me refiero a que el perseguido en cualquiera de sus denominaciones, debe presentar la solicitud de asilo una vez se encuentre físicamente en el país en cual desea o muchas veces tiene que radicar la petición, ya sea en el aeropuerto, en una frontera terrestre, o en una frontera marítima.

Caso contrario del refugiado y aunque nos referimos a una protección de derechos muy similar, deberá presentar su solicitud encontrándose fuera del país en el cual pretende refugiarse; cabe anotar en que este tramite deberá iniciarse con la ayuda de organizaciones no gubernamentales, instituciones oficiales del país de donde la persona se encuentre, si es el caso y en colaboración con las embajadas de los países a los cuales se pretenda solicitar el estatus de protección de refugiado.

Importa resaltar, en que una cosa es la colaboración que pueda prestar la embajada para llevar a feliz término el proceso de refugio desde donde se encuentre el perseguido o desplazado, y otra muy distinta es la desatinada mal concepción de algunas personas, en pensar en que el asilo político puede presentarse en la embajada de su preferencia sin salir del país; si bien es cierto cada embajada es un territorio consular que representa al gobierno de cada país, la realidad actual ha hecho en que los diferentes gobiernos tramiten las solicitudes de asilo, una vez la persona se halle físicamente en el lugar donde desea presentarlo.

Es importante tener en cuenta, que aunque los países firmantes tienen en principio, la obligación de brindar todas las garantías para evitar la vulneración de los derechos fundamentales de los interesados, también es cierto en que no están obligados a recibir o incluso aprobar aquellos casos, que consideren en contravía de sus disposiciones normativas nacionales e incluso, aunque suene risible, de la disponibilidad o "cupos" que tengan para refugiados o asilados para cada año.

10. ¿Existe otro tipo de asilo?

Además del asilo político o por otros autores conocido como territorial, existe otro tipo de asilo, del cual solo lo mencionaremos desde una perspectiva general;

El asilo diplomático; El cual es otorgado en legaciones, navíos de guerra y campamentos o aeronaves militares, a personas perseguidas por motivos o delitos políticos, será respetado por el Estado territorial de acuerdo con las disposiciones de la presente Convención.

"Para los fines de esta Convención, legación es toda sede de misión diplomática ordinaria, la residencia de los jefes de misión y los locales habilitados por ellos para habitación de los asilados cuando el número de éstos exceda de la capacidad normal de los edificios. Los navíos de guerra o aeronaves militares que estuviesen provisionalmente en astilleros, arsenales o talleres para su reparación, no pueden constituir recinto de asilo" (Conferencia de Caracas, 1954).

11. El proceso de asilo político y de refugio ¿es el mismo en todos los países?

Desafortunadamente no; Aunque muchos países respetan y acatan los protocolos y tratados internacionales, infortunadamente hay otros en donde resulta casi imposible, llevar a feliz término o ganar un caso de asilo político.

Es significativo destacar, en que cada país es discrecional en esta materia y de acuerdo a su normatividad interna, diseña, regula y especifica la forma, los mecanismos, el tiempo, los requisitos, los tipos de prueba que deben aportarse e incluso las consecuencias de donde, como y porque presentar un caso de asilo, lo cual a veces restringe un poco ese "derecho" a ser protegido, máxime cuando incluso hablamos de personas que deben salir de sus países en forma inmediata y perseguidos, sin ningún tipo de recaudo probatorio "listo", a empezar un nuevo proceso de victimización en un país ajeno y desconocido, llamado "asilo político".

Capítulo 2

Generalidades sobre el asilo político en los Estados Unidos

12. ¿Cuál es el fundamento jurídico de la institución del asilo político en los Estados Unidos?

Aunque los principios normativos son de carácter inter nacional para el asilo político y el refugio, también lo es el hecho en que existen normas de mayor preponderancia en las cuales el gobierno de los Estados Unidos acata, además de las normas mencionadas con anterioridad.

El articulo XXVII de la declaración Americana de los Derechos y Deberes del Hombre de 1948; *"Toda persona tiene el derecho de buscar y recibir asilo en territorio extranjero, en caso de persecución que no sea motivada por delitos de derecho común y de acuerdo con la legislación de cada país y con los convenios internacionales"* (OAS, 1948)

Por otro lado, el artículo 22 (7) de la Convención Americana sobre Derechos Humanos de 1969 establece: "Toda persona tiene el derecho de buscar y recibir asilo en territorio extranjero en caso de persecución por delitos políticos o comunes conexos con los políticos y de acuerdo con la legislación de cada Estado y los convenios internacionales" (ACNUR, 1969)

De igual forma la USCIS en cooperación con el Departamento de Estado, el Departamento de Seguridad nacional, el Departamento de Justicia y el INS son los encargados de determinar si una persona cumple o no con los requisitos, para la obtención de un estatus de asilo o refugio en los estados Unidos.

13. ¿Qué es la USCIS?

Este es un organismo de bastante importancia, ya que es el primer paso para presentar la solicitud de un asilo político y en muchos casos, la iniciación de un proceso de refugio en los Estados Unidos.

Esta agencia es conocida como el Servicio de Ciudadanía e Inmigración de los Estados Unidos (U.S. Citizenship and Immigration Services, USCIS) la cual es parte fundamental del Departamento de Seguridad nacional, con sedes en diferentes partes del país y un sinnúmero de empleados.

Es importante subrayar que aunque esta agencia federal no es una instancia de tipo judicial, sino de carácter administrativo que posee un poder monumental y decisivo, toda vez que define a diario la vida y el destino migratorio de miles de personas.

14. ¿Cuáles son los requisitos generales que exige USCIS para la obtención de un asilo político y de un refugio?

Esta agencia manifiesta en que "se les puede otorgar estatus de refugiados o asilo a las personas que han sufrido persecución o que temen que se les persiga por razones de raza, religión, nacionalidad, y/o por pertenecer a un cierto grupo social u opinión política."

Y que el estatus de asilo es una forma de protección disponible para las personas que:

- Satisfacen la condición de asilado como tal, es decir que cumplen con esta calidad y con la necesidad de la protección.
- Están físicamente presentes, valga el pleonasmo en los Estados Unidos.
- Solicitan la admisión en un Puerto de entrada.

En este ultimo punto hay que manifestar que muchos personas, optan por presentar la solicitud de asilo ante un oficial de "turno" una vez lleguen al Puerto de entrada ya sea; en el aeropuerto, en la frontera terrestre o fluvial; teniendo en cuenta por supuesto las condiciones particulares de cada caso y persecución, que puedan estar padeciendo en aquel momento las victimas. Otras y como lo veremos con posterioridad, presentan la petición de asilo, no en el Puerto de entrada, sino una vez ingresan a los estados Unidos y directamente ante las oficinas de la USCIS.

Para el caso de los refugiados, esta agencia manifiesta; "El estatus de refugiado es una forma de protección que puede otorgárseles a las personas que satisfacen la definición de refugiados y que constituyen una inquietud humanitaria especial para los Estados Unidos. Generalmente, los refugiados son personas que están fuera de sus países que no pueden o no están dispuestos a volver allí porque temen daños personales graves.

La solicitud para estatus de refugiado solamente podrá realizarse desde fuera de los Estados Unidos" (USCIS, 2009).

15. ¿Cómo debo presentar un asilo político en un puerto de entrada?

Paso 1

Pregunte a un Representante de Inmigración/Oficial del Gobierno de los Estados Unidos "¿Cómo puedo solicitar asilo?"

Paso 2

Lo que ocurra después dependerá de las circunstancias particulares del individuo, pero en general, la persona recibirá una entrevista con un funcionario del gobierno de los EE.UU., donde él o ella puede explicar por qué desea solicitar asilo.

El individuo puede ser detenido por una cierta cantidad de tiempo, mientras que su caso es resuelto. De igual forma, resulta importante señalar en que esta forma de solicitud es *muy diferente* a la que se realiza estando dentro de los Estados Unidos, la cual varia en cuanto a su tramite, celeridad y por supuesto, donde la persona debe estar plenamente consciente y antes de hacerlo y como lo veremos con posterioridad, que posee el fundamento probatorio solido para respaldar esta petición en el puerto de entrada (USCIS).

16. ¿Qué tipo de formulario debo presentar para un trámite de asilo político estando dentro de los Estados Unidos?

A diferencia del asilo que se presenta en el puerto de entrada y aunque la forma y el procedimiento son muy similares, pero no iguales, cuando la persona se encuentra físicamente dentro de los Estados Unidos, el formulario que deberá diligenciar es el I-589, llamado "solicitud de asilo y exención de expulsión" que se encuentra disponible y en forma gratuita en la pagina de la USCIS.

17. ¿Qué tipo de formulario debo presentar para un trámite de refugio?

Como lo he mencionado con anterioridad, el interesado para aplicar a un refugio, deberá encontrarse fuera de los Estados Unidos y tendrá que ponerse en contacto cuanto antes, con entidades como la ACNUR, la US-RAP, la UNHCR (Oficina del alto comisionado para los refugiados), la Oficina de Refugiados y Reasentamiento (ORR) y demás entidades en cada país como la Fiscalía, Procuraduría, Cancillería, las cuales y por supuesto a través de un apoderado judicial, analizaran el tramite de refugio, estableciendo una comunicación efectiva con los diferentes organismos internacionales, para llevar a cabo el respectivo tramite.

18. ¿Cuáles son las dos formas de obtener asilo en los Estados Unidos?

El proceso afirmativo y el proceso defensivo.

19. ¿En qué consiste el proceso afirmativo ante USCIS?

Para obtener asilo a través del proceso de asilo afirmativo, usted deberá estar físicamente presente en los Estados Unidos, como lo mencione con anterioridad. Cabe anotar en que usted puede solicitar la condición de asilo, independientemente del visado con el cual llegó a los Estados Unidos o incluso su estatus migratorio actual.

Técnicamente hablando el término "afirmativo" se refiere para aquellas personas que no han estado en procesos de remoción o deportación, que se encuentran presentes en los Estados Unidos y que van a iniciar su proceso de asilo por primera vez.

20. ¿Cuál es el término que tengo para presentar el asilo político?

El término en forma general en el cual usted debe solicitar una petición de asilo político, es de un año que se cuenta desde la fecha de su última llegada a los Estados Unidos.

21. ¿Existe alguna excepción a este término?

Aunque cada caso es diferente y el término es de solo un año, usted podría demostrar que existieron circunstancias extraordinarias relacionadas con la demora en la solicitud y que por esta razón le fue imposible o muy difícil presentar la solicitud en tiempo.

Sin embargo, y aunque USCIS es una entidad bastante estricta en cuanto a los plazos y términos establecidos, también es cierto en que podría ser posible después de un año, demostrar que no pudo radicarse la solicitud en tiempo por una razón convincente y fuerte probatoriamente, que aunque ciertamente es complicado, no es imposible.

22. ¿En qué consiste el proceso defensivo ante USCIS?

Como su nombre lo dice, una solicitud de asilo defensivo se presenta cuando usted está solicitando asilo como defensa para evitar la remoción o salida de los Estados Unidos. No obstante y que para que un procesamiento de asilo sea defensivo, usted debe encontrarse en un proceso de remoción ante una Corte de Inmigración, con la intervención de la Oficina Ejecutiva de Revisión de Casos de Inmigración (EOIR). Así las cosas y para clarificar aun mas, si usted no está actualmente en un proceso de remoción, expulsión o salida de los Estados Unidos y desea presentar su asilo político, estaría bajo un proceso afirmativo y no defensivo.

Recordemos que USCIS no es una instancia judicial, pero si lo es una Corte de inmigración para efectos de un proceso de remoción.

23. ¿En qué casos podría una persona verse envuelta en una solicitud de asilo defensivo?

El primer evento ocurre cuando los solicitantes son referidos por USCIS a un Juez de Inmigración, luego de que al final del proceso afirmativo de asilo se haya determinado su inelegibilidad.

En este punto y como lo veremos mas adelante, es de extrema importancia en que la persona este muy bien preparada probatoriamente en su petición de asilo afirmativo, ya que de lo contrario, si el oficial de USCIS considera en que la petición no es lo suficientemente fuerte para demostrar un caso de asilo político, referirá, no NEGARA, el caso a un juez de inmigración y es allí, donde ese asilo pasara de afirmativo a defensivo.

Entendido esto, y como ya sabemos en que USCIS no es una instancia judicial, si lo seria el juez de inmigración en primera instancia, donde USCIS enviaría el caso una vez sea inelegible.

En el segundo evento, una persona podría verse envuelta en un asilo defensivo cuando;

Haya sido detenida o arrestada en los Estados Unidos o en uno de sus puertos de entrada sin la documentación legal adecuada, o cuando se encuentre violando su estatus migratorio actual.

En el tercer evento, una persona podría verse envuelta en un asilo defensivo cuando;

Haya sido arrestada por el Servicio de Aduanas y Protección Fronteriza (CBP) pretendiendo ingresar a los Estados Unidos sin la documentación apropiada; posteriormente que haya sido colocada en un proceso inmediato y acelerado de remoción y el Oficial de Asilo haya encontrado durante este proceso, en que esta persona tenía "temor real" de ser perseguida o torturada.

24. ¿Cuál es el primer paso para presentar un asilo de tipo afirmativo?

Lo primero que usted debe hacer es recaudar o reunir todas las pruebas necesarias, que puedan probar el "temor real" que lo llevo a usted a salir del país o que le impiden volver al mismo, por razón de su raza, género, ideología, nacionalidad, religión, opinión política o simplemente por pertenecer a un determinado grupo social.

25. ¿Qué importancia tiene una prueba para USCIS?

La prueba es el medio definitivo que llevara al oficial de Inmigración de USCIS a determinar si un hecho es real o es falso, si existe un temor real o no, si usted es victima de persecución o no, si usted cumple con los requisitos o no o incluso si usted miente o no.

Este punto es realmente importante y es donde desafortunadamente el 99 % de los aplicantes de un asilo fallan, ya que consideran que cualquier documento o cualquier tipo de declaración o incluso cualquier fotografía son suficientes para demostrar la "persecución" y que por lo tanto el gobierno de los Estados Unidos está en la "obligación" de conceder este estatus de protección.

La realidad es que solamente el interesado debe ser consciente, en que en la medida en que pueda probar el temor, el miedo, y la persecución ante el oficial, con documentos relevantes, tendrá mayores posibilidades de obtener un asilo político.

26. ¿Cómo puede una persona probar una determinada persecución o un temor real?

Aunque para USCIS no existe lo que conoceríamos como una prueba plena, ellos en conjunto analizan, valoran y determinan la elegibilidad de un aplicante por medio de: Declaraciones, testimonios, denuncias, certificaciones, dictámenes periciales, documentos públicos o privados, fotografías, inspecciones, evidencias electrónicas, pruebas de carácter o en general cualquier medio probatorio "real" que sirva para probar el "temor real" que lo llevo a usted a salir del país o que le impide volver al mismo, por razón de su raza, género, ideología, nacionalidad, religión, opinión política o simplemente por pertenecer a un determinado grupo social.

27. ¿Puedo solicitar una visa de turismo u otra visa de no inmigrante y después aplicar a un asilo político?

Esto no es un juego. Debe tener bastante cuidado al pretender solicitar una visa de turismo u otra de no inmigrante, cualquiera sea su denominación, si su finalidad es realmente solicitar protección a través de la figura del asilo en los Estados Unidos.

La información que maneja el Departamento de inmigración está conectada sin lugar a dudas con todas las agencias estatales y federales en los estados Unidos, incluyendo el Departamento de Justicia, y en algunos casos con embajadas y/o territorios consulares fuera de los Estados Unidos, que coadyuvan a corroborar cualquier tipo de información.

Una vez la persona pretende viajar a los Estados Unidos y presenta su solicitud de visa de turismo o de no inmigrante ante la embajada en su ciudad, las personas que realizan la entrevista al interesado son Oficiales de inmigración y quienes determinaran su elegibilidad para "visitar" no "inmigrar" a los Estados Unidos.

Así las cosas, las pruebas que usted está llevando a la embajada, le mostraran al oficial que usted pretende viajar de turismo o de no inmigrante, por un tiempo determinado y que tiene los medios económicos para hacerlo y que su "intención final" es la de regresar en un tiempo prudencial.

Con base en lo anterior, si usted aplica a un asilo sin un fundamento preciso y poco después de haber obtenido su visado de "no inmigrante" el oficial en lo Estados Unidos y basado en la información previa, podría pensar en que usted utilizo el mecanismo del visado para buscar la figura del asilo político, lo que podría traducirse en un posible fraude a la visa de turismo o a la visa que haya solicitado de no inmigrante.

28. ¿Puede un abogado de inmigración en los Estados Unidos, reunir las pruebas que se necesitan para presentar una petición de asilo político?

Infortunadamente en la mayoría de los casos, la respuesta es no. Muchas personas creen en que al contratar los servicios de un abogado de inmigración en los Estados Unidos, este a su vez está obligado a recaudar todo el material probatorio, presentar el asilo y finalmente llevarlo a feliz término, lo cual es de plano incorrecto, ya que es el interesado en asilarse, es el que debe y antes de hablar con el abogado de inmigración, reunir la documentación necesaria para tal fin.

Ahora bien, hay que tener en cuenta en que desafortunadamente los abogados de los Estados Unidos, conocen la normatividad de inmigración en este país en cuanto a sus procedimientos, regulaciones, tramites y reglamentos administrativos se refiere, pero desconocen en su gran mayoría la normatividad, los tramites judiciales y administrativos, que suelen ser necesarios para la obtención de las pruebas en otros países como Colombia, Venezuela, Perú, Bolivia, Ecuador, México, El Salvador, Costa Rica y Argentina entre otros, y que soportaran el caso como tal;

es por esta razón, que los interesados deben contactar a un abogado en su país de origen y este a su vez iniciar todos los tramites ante las diferentes entidades públicas y privadas, con el único fin de coadyuvar en el recaudo probatorio adecuado para conquistar un caso de asilo político.

29. Una vez obtenidas las pruebas necesarias para probar un caso de asilo, ¿cuál es el siguiente paso?

Diligenciar el Formulario I-589, Solicitud de asilo y exención de expulsión, en un plazo de un año a partir de la fecha de su llegada a los Estados Unidos. Hay que destacar que ni la aplicación, ni el formulario, ni el trámite, tienen costo alguno.

30. ¿Puedo incluir a mis familiares en la petición de asilo?

Si puede hacerlo; en la solicitud usted definitivamente puede incluir a su cónyuge e hijos menores de 21 años, que sean solteros y que se encuentren físicamente en los Estados Unidos. Cabe anotar en que usted puede incluir a sus hijos al presentar la solicitud o incluso en cualquier momento, pero siempre y cuando no se haya tomado una decisión final sobre su caso.

31. ¿Dónde debo enviar la solicitud de asilo?

De acuerdo al estado donde usted resida, le corresponderá una oficina de USCIS, donde podrá enviar su formulario de asilo político con todos los soportes probatorios. Las oficinas están divididas de la siguiente forma;

Si reside en AL, AR, CO, Puerto Rico, el Distrito de Columbia, FL, GA, LA, MD, MS, NM, NC, TN, TX, Islas Vírgenes, UT, VA, WV, WY o los condados al oeste de Pennsylvania de Allegheny, Armstrong, Beaver, Bedford, Blair, Bradford, Butler, Cambria, Clarion, Clearfield, Crawford, Elk, Erie, Fayette, Forest, Greene, Indiana, Jefferson, Lawrence, McKean, Mercer, Somerset, Venango, Warren, Washington, y Westmoreland, presente su solicitud en el *Centro de Servicio de Texas*.

Si usted reside en AZ, los condados de Imperial, Los Ángeles, Orange, Riverside, San Bernardino, San Diego, Santa Bárbara, San Luis Obispo, o Ventura de California, Guam, HI o los condados Clark, Esmerelda, Nye o Lincoln de Nevada, presente su solicitud en el *Centro de Servicio de California*.

Si reside en AK, ID, IL, IN, IA, KS, KY, MI, MN, MO, MT, NE, ND, OH, OR, SD, WA, WIo un condado de California o Nevada que *no* fue anteriormente mencionado, presente su solicitud en el *Centro de Servicio de Nebraska*.

Si reside en CT, DE, ME, MA, NH, NJ, NY, RI, VT o un condado en Pensilvania el cual **no** fue mencionado anteriormente, tramite su solicitud en el Centro de Servicio de Vermont, e indique Attention: Asylum.

Si usted se encuentra actualmente en el Tribunal de Inmigración: Usted debe presentar su I-589 en el Tribunal de Inmigración con jurisdicción en su caso. (USCIS, 2013)

32. ¿Cómo debo enviar la solicitud?

Deberá enviarla en sobre cerrado y preferiblemente por correo certificado de los Estados Unidos USPS o servicio privado FEDEX o UPS, ya que de esta forma, usted estará seguro en que su solicitud llego al lugar adecuado.

33. ¿Qué sucede después de enviar la solicitud?

En el momento en que USCIS reciba su solicitud, usted recibirá con posterioridad las siguientes notificaciones:

En la primera notificación, la cual puede llegar generalmente entre 20 o 30 días después de enviar su solicitud por correo, le harán saber en que ellos han recibido su petición; cabe anotar en que si el formulario fue diligenciada en forma incorrecta, será devuelto para ser subsanado, pero no acarreara como muchas personas piensan, ningún tipo de perjuicio para el solicitante, ya que hasta ahora se encuentra en la etapa de recepción.

En la segunda notificación, la cual puede llegar entre 20 o 30 días generalmente después de haber recibido la primera notificación; en esta oportunidad, le informaran la fecha y el lugar en el cual deberá presentarse para una toma de huellas o *fingerprints*; usted deberá dirigirse a un Centro de Asistencia en Solicitudes ASC para la toma de estas huellas y la dirección le será indicada en la parte superior de la notificación.

Capítulo 3

El proceso de entrevista de un asilo político

34. ¿Qué es la entrevista?

Una vez realizadas las huellas dactilares, USCIS se comunicara con usted, enviándole una tercera notificación, donde lo citan a una entrevista.

Aunque en principio una entrevista es un encuentro y conversación entre dos o más personas para tratar un asunto determinado, ésta en particular será bastante decisiva en su vida.

Desafortunadamente muchas personas colocan gran esmero y dedicación en presentar un excelente caso de asilo, incluso con un gran soporte probatorio, pero olvidan algo de gran importancia como lo es la preparación adecuada para la entrevista.

Solamente hasta cuando usted se encuentre en frente del oficial de inmigración, podrá entender la magnitud de lo que representa una entrevista de un asilo político; así las cosas, esta entrevista está diseñada para que el oficial le pregunte sobre su caso de asilo, corrobore todas y cada una de las situaciones que usted vivió y que ahora son fruto de persecución, demuestre el porque de su solicitud y las razones por las cuales usted no puede regresar a su país de origen.

Por esta razón es muy importante en que usted sea preparado previamente y el día de su entrevista, usted este bastante relajado y muy consciente de contestar ***no mas de lo que le estén preguntando, ni tampoco menos de lo que debe contestar,*** siendo de esta forma sus respuestas claras, precisas y determinantes, para que el oficial pueda tomar una decisión en su favor.

En términos generales esta entrevista puede tomar entre una hora y cuatro horas dependiendo de la complejidad del caso o incluso, puede tomar lo que el oficial considere pertinente para esclarecer o entender, si usted es un candidato idóneo para obtener el estatus de asilado o no.

Finalmente tenga en cuenta que los oficiales de inmigración que van a entrevistarlo, son personas muy serias que bajo ninguna circunstancia lograran ser distraídos de su objetivo primordial "la entrevista" por palabras bonitas, lindos cumplidos, atuendos exóticos que usted pueda llevar, un buen perfume o incluso su "llamativa" forma de vestir.

En virtud de lo anteriormente expuesto, la responsabilidad de la entrevista no es del oficial, es literalmente suya; de igual forma, esta entrevista versara sobre la veracidad de los hechos que el oficial ya ha investigado por lo menos con 43 días de anterioridad, lo que quiere decir, que cuando usted sea entrevistado, el oficial de inmigración ya conoce su caso a la perfección, ya sabe casi todo sobre usted y es por esta razón, en que usted debe estar lo suficientemente preparado para mostrarle al oficial en que realmente necesita esa protección.

35. ¿Quién realiza la entrevista y qué poder tiene?

Esta pregunta es de gran relevancia, ya que el oficial de inmigración y como lo mencione con anterioridad, definirá su futuro en los Estados Unidos, pero paradójicamente ese "futuro" está centrado en el caso de asilo que usted presentó y en la entrevista que usted realizó.

En términos generales la Sección 287.5 Exercise of power by immigration officers. (Section revised 6/13/03; Section revised 6/13/03; 68 FR 35273) (Amended 6/7/02; 67 FR 39255) (Section revised 8/17/95; 59 FR 42406 (Paragraphs (b) through (f) revised effective 4/1/97; 62 FR 10312) nos muestra el poder que poseen los oficiales de inmigración, el cual es básicamente hacer cumplir y ejecutar los actos y leyes de inmigración en los Estados Unidos (USCIS).

Si bien es cierto en que estos "oficiales de inmigración" no son "jueces" sino funcionarios administrativos con facultades decisionales, también lo es, en que su "fallo" frente a un caso de asilo es realmente transcendental en el mundo jurídico, ya que son ellos quienes tienen el poder y de acuerdo "al caso probado" de otorgar el estatus de asilado, o el referir mas "no negar" el caso a una corte de inmigración, como primera instancia judicial y de acuerdo a su valoración probatoria.

Indudablemente la regla de la experiencia es un mecanismo que usan los oficiales de inmigración para valorar, cualificar y cuantificar los medios de prueba aportados por el aplicante; estos medios de prueba son similares en estructura pero no en cuanto a su dimensión jurídica, los que podrían aplicar los jueces de inmigración; sin embargo y para la tranquilidad de los interesados, una vez el oficial de inmigración tenga la decisión sobre el caso, este será revisado por un oficial de mayor jerarquía, quien podrá controvertir o ratificar la elegibilidad del aplicante.

36. ¿Qué documentos debo llevar a la entrevista?

Normalmente el Servicio de Inmigración en los Estados Unidos y cuando usted envía su solicitud de asilo, le requerirá en que usted envíe solamente copias. Al momento de la entrevista, usted deberá presentarse con todos los documentos en original que vayan a soportar su solicitud, pero que siempre y cuando hayan sido incluidos en la misma.

Cabe anotar en que en algunos casos, la persona sufre amenazas mientras que espera la fecha para su entrevista, o sencillamente existen nuevos hechos que no fueron incluidos en la petición de asilo inicial; en este caso, es muy importante que usted los aporte durante la entrevista, ya que esta es la ultima oportunidad que tiene para hacerlo.

Adicionalmente usted deberá llevar los siguientes documentos;

1. Un documento que lo identifique, incluyendo:

   a. Cualquier pasaporte en su poder

   b. Otros documentos de viaje o identificación

   c. Formulario I-94, *Documento de Entrada/Salida,* si lo recibió cuando ingresó a los Estados Unidos (Ahora en versión digital).

2. Certificado original de nacimiento, matrimonio, u otros documentos (originales) presentados previamente con su Formulario I-589, *Solicitud de Asilo y Exención de Expulsión.*

3. Copia de su Formulario I-589 y cualquier material adicional que haya presentado previamente, en caso de que la oficina de asilo no haya recibido alguna de esta información

4. Cualquier documento adicional que evidencie su reclamación y que no haya presentado previamente junto con su solicitud.

5. Un intérprete, si usted no puede continuar con la entrevista en inglés

6. Si cónyuge y/o hijos menores de 21 años, si fueron incluidos como derivados en su solicitud de asilo al momento de presentar la misma:

a. Deben traer cualquier documento de identidad, viaje u otra evidencia de Identificación que tengan en su poder

b. Aunque a usted se le requiere que incluya en su solicitud una lista de todos sus familiares, sólo debe traer a su entrevista de asilo aquellos familiares que serán incluidos como sus derivados en la decisión de asilo.

7. Una traducción certificada de cualquier documento que no esté en inglés

a. Cualquier documento en un idioma que no sea inglés debe estar acompañado de una traducción al inglés certificada por el traductor como completa y correcta;

b. El traductor debe certificar que es competente para traducir al inglés el lenguaje utilizado en el documento. (USCIS, 2013)

37. ¿Es una obligación del Gobierno Americano proveer un interprete?

No. Si usted no habla inglés, será entrevistado con la ayuda de un intérprete, cuyo gasto deberá ser sufragado por usted. El Departamento de Inmigración no le proveerá un intérprete, con excepción de que usted tenga discapacidades auditivas.

Es importante tener en cuenta algunos puntos importantes;

1. Independientemente, si la persona habla un inglés fluido o no, muchas veces resulta mas apropiado usar un interprete, ya que de esta forma el entrevistado tendrá la oportunidad de pensar y analizar lo que está respondiendo durante la entrevista, mientras que el interprete realiza su trabajo.

2. El intérprete debe tener al menos 18 años de edad y hablar con fluidez tanto el inglés como su idioma.

3. El intérprete será monitoreado por otro interprete "silencioso" que por lo general está presente mediante un *speaker*, escuchando y observando la neutralidad de la entrevista.

4. No podrán servir como intérpretes: Su abogado o representante, un testigo que se encuentre vinculado de una u otra forma en el caso de asilo, ni tampoco un representante o empleado del gobierno de su país.

5. Si su intérprete no es competente y usted no puede hablar inglés, se le cancelará la entrevista y se reprogramará para una fecha posterior, causándole un retraso bastante negativo durante el proceso.

38. ¿Cuál es la importancia de un buen interprete?

La importancia es decisiva. El éxito o el fracaso de la entrevista de inmigración, puede depender en gran medida de la ausencia de comunicación o no entendimiento entre el oficial y usted, por ello muchas veces puede ser muy conveniente contratar a un intérprete capacitado, ya que de ello puede depender el éxito de esta entrevista de inmigración.

Indefectiblemente, este interprete debe conoce las expresiones coloquiales del idioma que está interpretando, ya que de lo contrario no seria posible la trasmisión efectiva y concisa de la información al oficial, corriendo el riesgo de perder el canal de comunicación y trasmitiendo una idea diferente de lo que se presentó en el caso escrito.

Aunque algunas personas dicen que el español colombiano posee la variedad más clara, precisa y elegante del idioma, o que el español argentino resulta "sensual" o que simplemente el español hablado en España es el "correcto", lo cierto es que en los Estados Unidos un interprete proveniente de México, Honduras o Guatemala, por citar algunos ejemplos, puede tener algunos inconvenientes entendiendo y/o pronunciando algunas expresiones coloquiales venidas de Colombia o de otros países del sur de América; sumado a esto, en que muchos interpretes no son hispanos, sino americanos que hablan español, por lo que resultaría bastante apropiado, llevar a la entrevista a un interprete que conozca su propia identidad cultural y diversidad lingüística, facilitando la entrevista y la comunicación efectiva.

De igual forma, es importante señalar que aunque el interprete es contratado por usted para traducir, desafortunadamente suceden casos en los cuales, si el interprete no conoce bien ambas lenguas o sencillamente no es lo suficientemente profesional, será comprensible en que de una u otra forma y por razón del tipo de entrevista, pueda verse enfrentado a un contexto incomodo, transformándose en un elemento activo (no neutral) dentro de la entrevista, lo que puede ocasionar en muchas ocasiones su perdida de invisibilidad y por ende el canal de comunicación entre el solicitante de asilo y el oficial de inmigración.

Es por esta razón que resulta muy procedente, advertir al interprete sobre su función en la entrevista (si no tiene la experiencia), ya que sin lugar a dudas se vera enfrentado a un dilema ético, que reitero en muchas ocasiones puede ser muy difícil de manejar; razón de peso adicional, que tiene el Departamento de Inmigración, para tener otro interprete que monitoreará y en forma silenciosa al interprete que usted llevará, evitando así sesgos o inconvenientes durante la entrevista.

39. ¿Qué sucede si no me presento a la entrevista?

Usted va a tener el tiempo necesario para programar, planear y organizar la documentación necesaria para presentar su caso de asilo político; de igual forma y aunque si bien es cierto existen circunstancias de tipo excepcional que pudieran llevar a una persona a no ir a su entrevista de asilo, la realidad es que este tipo de situaciones, no son vistas en la mayoría de los casos "positivamente" por los oficiales de inmigración.

Sin embargo, si usted no comparece a su entrevista, poco después recibirá una carta de advertencia de no comparecencia de parte de la oficina de asilo donde estaba programada su entrevista, la cual le explicará cómo reprogramar la entrevista y las consecuencias que tiene la pérdida de la misma.

A este tenor, usted y dentro de un período de 45 días, deberá solicitar la reprogramación de su entrevista. Si transcurrieron los 45 días y la oficina de asilo no recibió su solicitud de reprogramación de entrevista, su caso será manejado como una No Comparecencia a entrevista y entonces podría:

1. Ser referido a un juez de inmigración para adjudicación en procesos de remoción ante EOIR si usted no tiene estatus migratorio legal

2. Su caso podría ser cerrado administrativamente y denegado, si usted está en estatus migratorio legal.

Si usted está en un estatus migratorio ilegal, la Oficina de Asilo le enviará una "Notificación de Referido por No Comparecencia". Si usted está en estatus migratorio legal, recibirá una "Notificación de Comparecencia" o "Denegación de Solicitud de Asilo/ No Comparecencia".

**Para reprogramación su entrevista,
usted necesitará;**

- Enviar una carta por correo, fax o correo electrónico dirigida a la Oficina de Asilo donde se llevará a cabo su entrevista, o

- Visitar personalmente esa oficina y completar una Solicitud de Reprogramación de Cita presentada En Persona.

Su Oficina de Asilo no tendrá en cuenta solicitudes de reprogramación de entrevista hechas por teléfono. La petición de reprogramación de cita debe incluir la razón por la cual se solicita dicha reprogramación, así como cualquier evidencia relevante a la misma.

La Oficina de Asilo reprogramará la cita si éste es su primer pedido de reprogramación y su solicitud es recibida antes de la fecha de la entrevista. Se le notificará por escrito si su entrevista fue reprogramada o no. También recibirá una nueva notificación de cita de entrevista que contendrá la nueva fecha, hora y lugar de la entrevista.

Usted debe demostrar que su solicitud de reprogramación de cita es debido a una causa justificada, si necesita reprogramar su entrevista:

- El mismo día en que se llevará a cabo
- En o dentro de los 45 días posteriores a la fecha de su entrevista
- Si su entrevista fue reprogramada previamente en una o más ocasiones.

Deberá demostrar circunstancias excepcionales si:

- Transcurrieron más de 45 días desde la fecha de su entrevista (USCIS, 2013).

Capítulo 4

40. Una vez agotada la entrevista, ¿cuándo se toma una decisión?

Sin lugar a dudas, este es un momento altamente angustiante y estresante para los solicitantes de asilo, ya que después de finalizada la entrevista, los oficiales de inmigración en muchas ocasiones manifiestan en que la decisión será recibida en un término de dos a tres semanas, términos que desafortunadamente por la congestión misma de las solicitudes de inmigración sobre el particular, algunas veces no se cumplen.

Es por esta razón que es aquí, donde los aplicantes sufren y con una incertidumbre diaria, minuto a minuto, una espera "infinita" que será definitiva para comenzar una nueva pero complicada vida, lejos de las agresiones, las persecuciones y la violencia política, consecuencias directas, de una libertad ideológica casi extinta o inexistente en algunos países del mundo.

Sin embargo y una vez se hayan agotado todos los pasos anteriores, el oficial de inmigración analizará, valorará, revisará, cotejará y en muchos casos verificará las pruebas aportadas, el contenido de la entrevista, lo cual le ayudará a determinar;

- Si usted es elegible para solicitar el asilo
- Si usted cumple con la definición de refugiado según lo dispuesto en la Sección 101(a)(42)(A) de la Ley de Inmigración y Naturalización (INA)
- Si usted no cualifica para recibir asilo bajo la Sección 208(b)(2) de la INA.

Es importante agregar en que el oficial que conozca de su asilo, tiene un superior jerárquico que supervisará la decisión final, garantizando así, la trasparencia, la objetividad y el cumplimiento de las garantías legales en su favor.

41. ¿Qué tipo de decisión puedo recibir?

Dentro de los tipos de decisión que usted puede recibir se encuentran los siguientes;

I. Otorgamiento de Asilo – "Grant of Asylum"

Si USCIS determina que usted es elegible para el asilo, usted recibirá una carta y una tarjeta - formulario I-94, anexa a la carta, la cual por cierto deberá una vez que llegue portar siempre con pasaporte, como lo veremos mas adelante.

Esta concesión de asilo incluye a su cónyuge e hijos menores de edad, siempre que se encuentren presentes en los Estados Unidos y se hayan incluido en la solicitud de asilo y se haya probado la relación de parentesco. Una vez su asilo haya sido concedido usted tendrá derecho a;

a. Solicitar una autorización o permiso de trabajo (EAD)

b. Una tarjeta de Seguro Social, la cual para mejor entendimiento es un numero de nueve dígitos (SSN, sus siglas en inglés) que lo identifica y vincula a usted con el Seguro Social y con el gobierno de los Estados Unidos.

c. Solicitar los beneficios de inmigración para su cónyuge e hijos solteros menores de 21 años, ofrecidos por entidades del orden estatal y federal y solicitar beneficios adicionales ofrecidos por organizaciones sin animo de lucro, ONG, entre otras.

d. Continuar mas adelante y si lo desea, con la aplicación para su *Green Card* o residencia permanente, como lo detallaremos con posterioridad.

II. Aprobación Recomendada – "Recommended Approval"

USCIS emitirá una aprobación recomendada cuando usted es elegible para el asilo, porque por alguna u otra razón, no se tienen todos los resultados de los controles de seguridad requeridos, tales como las huellas dactilares que usted o sus familiares realizaron con anterioridad.

Esta aprobación recomendada incluirá a su cónyuge e hijos que se encuentren presentes en los Estados Unidos y que hayan sido incluidos en la solicitud inicial. Resulta importante adicionar en que usted podrá aplicar para un permiso de trabajo, mientras el estatus de su asilo pasa de "aprobación recomendada" a asilo concedido.

III. Notificación de Intención de negar – "Notice of Intent to Deny"

Si USCIS decide enviarle esta carta, es sencillamente porque ellos tienen dudas acerca de la veracidad de la historia, de su fortaleza probatoria o claramente pretenden que usted presente nueva evidencia por escrito que permita y dentro de los 16 días siguientes, demostrar las razones por las cuales debe ser concedido el asilo. Una vez enviada esta carta, la cual además deberá estar fundamentada por supuesto con un excelente material probatorio, le entregara al oficial de inmigración, las herramientas suficientes para determinar finalmente si aprueba la solicitud, concediendo de asilo, o emitiendo una negativa final.

IV. Negación final – "Final Denial"

Cumplidos los 16 días mencionados anteriormente, o sencillamente si usted no pudo probar claramente lo manifestado en su escrito, recibirá una notificación de negación final. Aunque en principio usted podría volver a presentar su solicitud de asilo, siempre y cuando pueda probar que el motivo de la persecución continua o ha cambiado, apoyado por supuesto en un material probatorio que permita justificarlo a cabalidad, también es cierto en que debe tener en cuenta, si aun se encuentra dentro del plazo para hacerlo, ya que de lo contrario seria improcedente su aplicación.

V. Remisión a la Corte de Inmigración – "Referral to Immigration Court"

En este tipo de decisión, USCIS no aprueba, *mas no niega,* su solicitud de asilo y remite su caso de asilo a la Corte de Inmigración. Cabe anotar en que esta remisión del caso a la Corte de inmigración no es una negativa o rechazo contundente a su solicitud, sino una "remisión" para que en primera instancia sea valorado su caso, no por un oficial de inmigración, sino por un Juez de Inmigración.

De igual forma es importante señalar dos aspectos;

- El primero es que su cónyuge e hijos solteros menores de 21 años, serán referidos de igual forma asilo a la Corte de Inmigración, si fueron incluidos en la solicitud inicial.

- El segundo aspecto y de gran trascendencia, es que el juez de inmigración evaluará y ponderará todas las pruebas y la solicitud de asilo de manera totalmente independiente, sin estar atado a la decisión tomada por el oficial de inmigración de USCIS.

42. ¿Qué debo hacer si soy referido a una Corte de Inmigración?

Debe ponerse en contacto inmediato con un abogado de inmigración en los Estados Unidos, que pueda representarlo en las diferentes audiencias que requerirán su presencia y determinarán su elegibilidad para el juez de inmigración.

Tenga en cuenta que las pruebas que usted recaudó durante el proceso inicial ante USCIS, serán usadas para demostrarle al Juez de inmigración su persecución real y de ahí la importancia de su obtención veraz y oportuna en su país de origen, antes de llegar a un estrado judicial.

Por otra parte y hasta donde conozco, es bastante complejo en que un abogado de inmigración en los Estados Unidos, le ayude a recaudar nuevas pruebas antes las diferentes entidades públicas y privadas en su país de origen; razón por la cual, resulta muy importante que este abogado de inmigración en Estados Unidos, vaya de la mano con su abogado de confianza en su país, para facilitar la obtención de un material probatorio preciso y que este enfocado realmente en probar su verdadera persecución.

Es muy triste escuchar historias a diario de cómo en los Estados Unidos y Canadá, algunos abogados de inmigración reciben los procesos, cobran cuantiosas sumas de dinero, pero no se detienen a analizar la pertinencia y utilidad de la prueba, ni mucho menos en preocuparse por su obtención, logrando así, en que muchos de los casos sean negados, no por que no haya habido una persecución política, sino porque no pudo ser probada en forma correcta.

Capítulo 5

Del proceso de asilo político a la obtención de la Green Card en los Estados Unidos

43. ¿El asilo político es de carácter permanente o indefinido?

Es muy importante hacer esta precisión, para que pueda entenderse muy bien y no se preste para confusiones futuras.

El asilo es de carácter *indefinido*, lo que conlleva a que esta condición no tenga un limite señalado o conocido. Cuando usted se le concede su asilo, será "asilado" no "residente permanente" y su condición será "indefinida" no "permanente" .

Su condición de "asilado" podría cambiar en las siguientes condiciones;

- Cuando el temor real de la persecución desaparezca, debido a un cambio esencial en las circunstancias que le dieron origen al mismo.

- Cuando usted decide renunciar a esa condición en forma voluntaria.

- Cuando su país de origen le brinda protección y usted acoge esa protección.

- Cuando después de concedido el asilo, la oficina de inmigración o el Juez de inmigración, encuentran que el asilo fue obtenido mediante fraude.

- Cuando usted comete algunos delitos o realiza actividades que vayan en contra de la ley, la moral o las buenas costumbres, que de inmediato ocasionen que usted pierda su derecho de estar en los Estados Unidos, trayendo como consecuencia un posible proceso de deportación.

44. ¿En qué consiste la residencia permanente y cuál es su carácter?

La Tarjeta de residencia permanente en Estados Unidos mas conocida como *Green Card*, es una identificación para residentes permanentes en los Estados Unidos que no posean la nacionalidad estadounidense.

Ahora, la residencia permanente o *Green Card* es de **carácter permanente,** término que se aplica a aquello que persiste o que se espera perdure en el tiempo. Si bien es cierto usted tendrá el derecho de solicitar su *Green Card* después de ser asilado, como lo veremos en la próxima pregunta, también es cierto que mientras usted decide o no hacerlo, seguirá siendo un asilado y su condición *será indefinida, no permanente.*

45. ¿Cómo puedo cambiar mi estatus de asilado a residente permanente?

Después de un año y un día de haber recibido su estatus de asilado, puede solicitar la Residencia Permanente o (*Green Card*). Deberá presentar un Formulario I-485, *Solicitud para registrar la residencia permanente o ajuste de estatus,* para usted y cada uno de sus familiares que califiquen y que deseen convertirse en residentes permanentes.

El tramite puede tomar entre 6 y 8 meses aproximadamente después de enviada la solicitud, además de los costos que deberá sufragar en cuanto a la solicitud que incluyen la toma de huellas y los exámenes médicos para su obtención.

Para terminar con este punto, deseo señalar tres aspectos importantes;

1. Si usted tiene alguna condena criminal después de recibir el asilo político, debe consultar un abogado antes de solicitar la residencia permanente. Ciertas condenas criminales pueden perjudicar su estatus de asilo político y pueden resultar en su deportación inmediata.

2. Tenga en cuenta que su residencia permanente o *Green Card* fue obtenida o derivada de un proceso de asilo político inicial. Desafortunadamente muchas personas creen que al obtener la *Green Card* no pueden ser deportados, ya que son "residentes permanentes" lo cual es totalmente falso, ya que siendo asilado o residente permanente, si se comete

un delito dentro de los Estados Unidos, muy posiblemente será procesado y al terminar su condena, podrá ser deportado.

3. En cuanto a los viajes fuera de los Estados Unidos para los asilados hay que precisar, que aun siendo asilados o residentes permanentes, si desean viajar fuera de los Estados Unidos, viajarán con el pasaporte de su país de origen y la tarjeta I-94 para los asilados y el pasaporte de su país de origen y la *Green Card* para los residentes permanentes.

46. ¿Necesito un permiso especial para salir del país, como asilado y como residente permanente?

En esta pregunta han habido múltiples respuestas en las cuales se tiene la errónea convicción, que cuando se porta una I-94 otorgada por un asilo político o una *Green Card* por una residencia permanente, no existe la necesidad, al salir de los Estados Unidos, de solicitar un permiso de reingreso adicional.

La realidad es que día a día, el Departamento de Inmigración se esfuerza en que sus políticas sean mas efectivas y por supuesto de obligatorio cumplimiento. Por ende la respuesta es sí. Si usted desea salir de los Estados Unidos como asilado o incluso como residente permanente, se le sugiere dar estricto cumplimiento a la normatividad expuesta por USCIS, la cual dispone:

Documento de Viaje de Refugiado

"Un Documento de Viaje de Refugiado se emite a una persona a la que se le otorgó el estatus de refugiado o asilado, o a un residente permanente que obtuvo una Tarjeta Verde por ser refugiado o asilado".

Si usted tiene estatus de refugiado o asilado, y no es residente permanente, debe tener un Documento de Viaje de Refugiado para regresar a los Estados Unidos.

Los asilados y refugiados derivados también deben obtener un Documento de Viaje de Refugiado antes de salir de los Estados Unidos.

Si usted no obtiene dicho documento antes de partir, es posible que no pueda reingresar a los Estados Unidos, o que lo coloquen en un proceso de expulsión ante un juez de inmigración" (USCIS, 2013).

Así las cosas, es claro que los residentes permanentes en principio no necesitan un permiso adicional, mas que la *Green Card* para reingresar al país; sin embargo cuando esta *Green Card* y como lo mencione anteriormente, fue expedida como consecuencia de un proceso de asilo inicial, estaríamos frente a una *Green Card* derivada de un asilo político, que por extensión también necesitaría de un permiso de reingreso, como lo manifiesta USCIS.

Aunque múltiples personas podrán decirle frases como "no se preocupe, no pasa nada, yo ya lo he hecho muchas veces" lo cierto es, que a usted o a su familia no le gustaría encarar un proceso de no admisión a los

Estados Unidos, por un consejo de "alguien" que solo presume de "saber" o que tan solo no conoce acerca de la situación misma.

Capítulo 6

Convirtiéndose en ciudadano de los
Estados Unidos a través del asilo político

47. ¿En qué consiste la ciudadanía americana, el proceso de naturalización y cuál es su importancia?

Los Estados Unidos tienen una larga historia de dar la bienvenida a inmigrantes de todas partes del mundo. Estados Unidos valora las contribuciones de inmigrantes que han enriquecido este país y que han preservado la herencia de libertad y oportunidad para todos.

La decisión de convertirse en ciudadano de los Estados Unidos es una de las más importantes y gratificantes en la vida de una persona inmigrante. Si esta persona, decide solicitar la ciudadanía estadounidense, estará demostrando su compromiso con los Estados Unidos y su lealtad a la Constitución. A cambio, se le concederán todos los derechos y privilegios de la ciudadanía estadounidense (USCIS, 2013).

La naturalización es un trámite por el cual, un extranjero solicita la ciudadanía americana. La mayoría de las naturalizaciones tienen lugar cuando un residente permanente o portador de *Green Card*, solicita la ciudadanía.

48. ¿Cuáles son los requisitos para convertirme en ciudadano de los Estados Unidos?

Después de que usted haya obtenido su asilo y posteriormente su residencia permanente, este es el paso final, con el cual usted podrá disfrutar de todos los beneficios y bondades adicionales que tienen los Estados Unidos para usted.

La fecha de expedición de su residencia permanente o *Green Card*, será el punto de partida, para que usted empiece a contar cinco años, que además de los siguientes requisitos le darán la oportunidad de convertirse en ciudadano.

Requisitos de elegibilidad

Si usted es residente permanente por cinco años o más, debe además reunir los siguientes requisitos para solicitar la naturalización:

- Haber cumplido 18 años de edad.
- Haber cumplido cinco años como residente permanente (*Green Card*) antes de la fecha de presentar el formulario N-400, Solicitud de Naturalización.

- Haber residido en un mismo estado o distrito de USCIS que tiene jurisdicción del lugar de su residencia por lo menos tres meses antes de solicitar la ciudadanía.

- Tener residencia continua en los Estados Unidos como residente permanente legal por lo menos cinco años inmediatamente antes de la fecha de tramitar la solicitud.

- Haber estado físicamente presente en los Estados Unidos por lo menos 30 meses en los cinco años inmediatamente anteriores a la fecha de trámite de la solicitud.

- Residir continuamente en los Estados Unidos desde la fecha de la solicitud de naturalización hasta la fecha de naturalización.

- Ser capaz de leer, escribir y hablar inglés y tener conocimiento de la historia y el gobierno (educación cívica) de Estados Unidos.

- Ser una persona de buena conducta moral, que respeta la ley y tiene adherencia a los principios de la Constitución de los Estados Unidos. Además, tener buena disposición para el buen orden, la felicidad y el bienestar de los Estados Unidos durante todas los periodos relevantes bajo de la ley (USCIS, 2013).

49. ¿Cuáles son los beneficios puedo obtener al convertirme en ciudadano de los Estados Unidos?

Dentro de los múltiples beneficios que usted puede obtener como ciudadano de los Estados Unidos destacaremos los siguientes ;

- Puede solicitar a sus hijos menores de 18 años en forma automática y a otros familiares como hermanos y padres que deberán ser mayores de edad, pero dejando la claridad en que cada caso es diferente.

- El derecho a votar en las elecciones federales y también a tomar parte en las elecciones locales y estatales.

- La ciudadanía, a diferencia de la residencia permanente, no expira. No requiere renovación.

- Al obtener la ciudadanía desaparece el riesgo de ser deportado.

- La obtención de un pasaporte de los Estados Unidos, el cual entre otros beneficios, le garantizará la protección por parte del gobierno en territorio extranjero.

- El acceso a un sin numero de posibilidades laborales no solamente estatales, sino también federales, que le permitirán construir para usted y su familia un futuro mejor.

- Participar como miembro de un jurado federal, ayudando a determinar la inocencia o culpabilidad de un acusado.

- El acceso a diferentes tipos de ayuda financiera estudiantil en material gubernamental exclusiva solamente para ciudadanos de los Estados Unidos.

Capítulo 7

Cómo obtener un asilo político por género
y por orientación sexual (LGBTI)
en los Estados Unidos

50. ¿En qué consiste el asilo de género ?

A pesar de que la persecución por motivos de género no está citada específicamente en la Convención como uno de los motivos que podrían dar lugar al reconocimiento de la condición de refugiado, según la definición mencionada, ésta debe ser interpretada desde una perspectiva de género de conformidad con el espíritu y la finalidad de dicha Convención, cuyo objetivo es asegurar el amparo de las personas que no pueden contar con la protección de su país de origen.

Las mujeres pueden ser perseguidas por los mismos motivos que los hombres. Pero hay que tener en cuenta que muchas mujeres sufren persecución, por ejemplo, en forma de violencia sexual o discriminación grave que puede guardar relación con el género, es decir, que va dirigida contra ellas por ser mujeres y por lo que ello representa socialmente. Tanto los hombres como las mujeres pueden solicitar asilo por motivos de género, aunque la mayoría de las solicitudes suelen ser presentadas por mujeres.

La persecución puede provenir de las autoridades de su país de origen o de agentes no estatales como la familia u otros miembros de la sociedad (Acnur).

51. ¿En qué consiste la solicitud de asilo político o refugio por motivos de orientación sexual?

Cada año, miles de solicitantes de asilo, tanto personas lesbianas, como Gays, bisexuales, transexuales e intersexuales (LGBTI) solicitan Protección Internacional en Europa. La Unión Europea y los Estados europeos ya han tomado medidas concretas y positivas, como, por ejemplo, el reconocimiento de la orientación sexual como causa de persecución según el Artículo 10 de la Directiva de Calificación. Además, algunos Estados Miembros han incorporado de forma explícita la identidad de género como motivo de persecución en su legislación nacional (Portugal y España) o en sus directrices políticas (Austria y Reino Unido); la Directiva de Calificación será reformada para incluir también la identidad de género. Existen casos en los que solicitantes de asilo LGBTI han sido reconocidos como refugiados, han recibido protección subsidiaria o se ha acordado alguna otra forma de protección en los Estados Miembros de la Unión Europea (Jansen, 2011).

52. ¿Qué tipo de problemas frecuentes enfrentan los solicitantes de asilo por orientación sexual o LGBTI?

Personas LGBTI también pueden experimentar otras formas de daño físico y psicológico, incluido el acoso, las amenazas de daño, difamación, intimidación y violencia psicológica que pueden elevarse al nivel de persecución, dependiendo de las circunstancias individuales de cada caso y el impacto sufrido en la vida de cada solicitante (USCIS, 2011).

Los solicitantes de asilo LGBTI ven sus derechos humanos vulnerados como consecuencia de la aplicación concreta del sistema de asilo por los Estados Miembros. A menudo, los solicitantes de asilo LGBTI son retornados a sus países de origen bajo el pretexto de que pueden evitar cualquier persecución con tan solo ocultar su identidad LGBTI. Esto supone la vulneración del derecho fundamental que hay detrás del Derecho de Asilo: si una persona sufre un miedo fundado a ser perseguida por el hecho de ejercer legítimamente un derecho humano, tiene derecho a la protección internacional.

Al requerir que un(a) solicitante renuncie a sus derechos humanos para ser "protegido", se anula la función de los mencionados derechos. De modo parecido, solicitantes de asilo LGBTI son devueltos con regularidad a países donde existe un riesgo bien fundado de que puedan cumplir penas privativas de libertad o ser sentenciados a muerte por tener relaciones sexuales con personas del mismo género. Asimismo, existen numerosos ejemplos de personas transexuales que sufren violaciones graves de sus derechos humanos, lo que ocurre a gran escala en varias partes del mundo, sin conseguir, por lo tanto, el asilo una vez solicitado (Jansen, 2011).

53. ¿Es posible conseguir un asilo político LGBTI en los Estados Unidos?

Sí, es posible. Sin embargo es importante realizar algunas precisiones.

Los tipos de daños dirigidos a solicitantes de asilo LGBTI varían e incluyen los mismos tipos de daño que se dirigen a otros solicitantes de asilo tradicionales. Personas LGBTI, sin embargo, pueden ser más vulnerables a ciertos tipos de daño que los demás solicitantes "tradicionales" y pueden estar sujetos a sufrir daños únicos e irreparables física y mentalmente.

Al considerar la posibilidad de que un determinado daño, sea suficiente para probar la persecución, no sólo se debe tener en cuenta el grado objetivo de daño o si el daño se eleva al nivel de la persecución, sino también si el solicitante personalmente experimentó, sufrió, vivió y/o percibió este daño como grave.

Un paso realmente importante en este proceso es en cuanto al análisis del victimario del daño que constituyó la persecución. La determinación del agente, es decir si es del gobierno o es un actor no gubernamental. *Está bien establecido que el solicitante puede calificar para la condición de refugiado o de asilo si el perseguidor es el gobierno o una persona física o jurídica a la que el gobierno es incapaz o no está dispuesto a proporcionar una protección razonable, lo cual crea un camino real dentro del estatus de protección en los estados Unidos a todas estas personas que no han podido legalizar su situación migratoria y que fueron victimas de persecución por esta razón.*

De igual forma se deben evaluar las opiniones y los sentimientos de cada solicitante en forma detallada y precisa. Debido a que cada caso es único y cada solicitante tiene su propia estructura psicológica, las interpretaciones de lo que significa persecución varían ampliamente de persona a persona.

Mientras que la discriminación es a menudo una parte fundamental de las reclamaciones formuladas por las personas LGBTI, los solicitantes también revelan con frecuencia haber sido víctimas de violencia física y sexual grave. Estos incidentes de daño deben ser evaluados en su totalidad. Además, ellos deben ser analizados a la luz de las actitudes predominantes con respecto a la orientación sexual e identidad de género en el país de origen de donde se origino la persecución.

Finalmente en casos LGBTI se puede invocar el asilo por causa de persecución por agentes gubernamentales como: La policía, militares, entidades del gobierno de cualquier nivel, paramilitares, guerrillas, entre otros. Y por causa de agentes no gubernamentales y que generen la persecución como familiares, parientes, vecinos y otros miembros de la comunidad, dándonos así el derecho a que todos los seres humanos sin importar nuestra orientación sexual, tengamos acceso y trato igualitario a la justicia (USCIS,2011).

Referencias Bibliográficas

La persecución por motivos de género y el asilo. (n.d.). Retrieved from *http://www.acnur.org/biblioteca/pdf/4206. pdf?view=1*

ACNUR. (2014). *¿quién es un refugiado?* . Retrieved from *http://www.acnur.org/index.php?id_pag=29*

ACNUR. (1969). *Convención americana sobre derechos humanos.* Retrieved from *http://www.acnur.org/t3/fileadmin/ scripts/doc.php?file=biblioteca/pdf/0001*

Conseil Canadien pour les refugies. (2009, 08). Retrieved from *https://ccrweb.ca/documents/aviso.htm*

Forced Psychiatric Treatment or Oth er Efforts to "Cure" Homosexuality. (2011, December 28). Retrieved July 6, 2014, from *http://www.uscis.gov/sites/default/files/USCIS/ Humanitarian/Refugees%20%26%20Asylum/Asylum/ Asylum%20Native%20Documents%20and%20Static%20 Files/RAIO-Training-March-2012.pdf*

Jansen, S. (2011, September 1). Huyendo de la Homofobia. Retrieved July 6, 2014, from *http://www.rechten.vu.nl/nl/ Images/web_FH-ES_tcm22-240398.pdf*

OAS. (2012). *Convención americana sobre derechos humanos (pacto de san José).* Retrieved from *http://www.oas.org/dil/esp/tratados_B-32_Convencion_Americana_sobre_Derechos_Humanos.htm*

OAS. (1948). *Comission and rights.* Retrieved from *http://www.oas.org/en/iachr/mandate/Basics/declaration.asp*

OHCHR. (1954). *Convención sobre el estatuto de los refugiados.* Retrieved from *http://www2.ohchr.org/spanish/law/refugiados.htm*

ONU. (2012). *La dudh: La primera declaración mundial sobre la dignidad y la igualdad inherentes a todos los seres humanos.* Retrieved from *http://www.un.org/es/documents/udhr/history.shtml*

USCIS (n.d.). *Programas y servicios especiales.* Retrieved from *http://www.uscis.gov/sites/default/files/USCIS-ES/Recursos (Resources)/Guia de Referencia para el Cliente/ProgramasEspeciales.pdf*

USCIS. (2009). *Programas humanitarios.* Retrieved from *http://www.uscis.gov/es/programas-humanitarios/refugiados-y-asilo*

USCIS. (2013). *solicitud de asilo y exención de expulsión.* Retrieved from *http://www.uscis.gov/es/formularios/i-589*

USCIS. (2013, 12 04). *Entrevista.* Retrieved from *http://www.uscis.gov/es/programas-humanitarios/el-proceso-de-asilo-afirmativo*

USCIS. (2013, 12 09). *Tarjeta verde para un asilado .* Retrieved from *http://www.uscis.gov/es/tarjeta-verde/tramite-y-procedimientos-para-la-tarjeta-verde/autorizacion-de-viaje/documentos-de-viaje*

USCIS. (N.D.). *exercise of power by immigration officers*. Retrieved from *http://www.uscis.gov/iframe/ilink/docView/ SLB/HTML/SLB/0-0-0-1/0-0-0-11261/0-0-0-29853/0-0-0-29919.html*

USCIS. (2013, 09 19). *El valor de la ciudadanía*. Retrieved from *http://www.uscis.gov/es/ciudadania*

USCIS. (2013, 09 19). *Vía para obtener la naturalización/ ciudadanía* . Retrieved from *http://www.uscis.gov/es/ ciudadania/ciudadania-por-naturalizacion/general-para-la-naturalizacion/para-obtener-la-naturalizacionciudadania*

ACERCA DEL AUTOR

William Douglas, nació en Bogotá, Colombia el 8 de diciembre de 1974. Se graduó como abogado en la Universidad Católica de Colombia en el año 2002; un año después obtuvo su título como Especialista en derecho de familia de la misma Universidad y posteriormente cursó durante dos años estudios como Master en Derecho Procesal en la Universidad Externado de Colombia.

Se dedicó a la docencia jurídica, trabajo como profesor de leyes con diferentes universidades del territorio Colombiano, ejerció su profesión como abogado litigante por diez años y se destacó como asesor, consultor político y conferencista en diferentes comunidades en el país.

Años después se exilió fuera de su país natal por persecución política y desde allí inició nuevamente su vida personal y académica. Se graduó en el 2010 como Paralegal certificado por la University of Miami. En 2011, recibió el título de Master of Science in Education por Nova Southeastern University. Posteriormente, en 2013, se recibe de Inmigration Law Specialist por The University of Texas at Austin. Actualmente culmina su Educational Specialist Program in Computer Science en Nova Southeastern University y es también candidato a Doctor en Educación en Investigación, por la International Iberoamerican University en Puerto Rico y y Doctor en Educación por la misma universidad en México.

Desde los Estados Unidos, William Douglas ha trabajado como docente, paralegal y consultor internacional, siendo muy consciente de la realidad innegable y aterradora que sufren día a día los perseguidos políticos en sus diferentes países, víctimas del maltrato psicológico, las amenazas y las acciones represivas que atentan contra su libertad ideológica y política y que los obliga a abandonar sus hogares, su tierra, sus amigos, su familia y su vida cotidiana, al tener que desplazarse forzosamente y por tiempo indefinido fuera de su país, teniendo que empezar de cero, pero con la esperanza de vivir.

Contacto: *Esferagroup@pacificwest.com*

Índice